Inhalt

Controlling unternehmensübergeifender Geschäftsmodelle?

Kernthesen

Beitrag

Fallbeispiele

Weiterführende Literatur

Impressum

Controlling unternehmensübergeifei Geschäftsmodelle?

M. Westphal

Kernthesen

- In der Zukunft wird der Erfolg oder Misserfolg im Wettbewerb immer häufiger dadurch bestimmt, wie schnell und wie nachhaltig Unternehmen sich auf die knappe Ressource "Kompetenz" Zugriff verschaffen können.
- Dem wachsenden Kosten-, Wettbewerbs- und Anpassungsdruck auf den internationalen Märkten versuchen Unternehmen mit der Bildung von Unternehmensnetzwerken zu begegnen.
- Es gibt vielfältige Motive für Kooperation

zwischen Unternehmen.
- Nur durch ein systematisches Netzwerkmanagement und Netzwerkcontrolling können die den Unternehmensnetzwerken immanenten Erfolgs- und Wertsteigerungspotenziale vollständig erfasst und ausgeschöpft werden.
- Erfolgsfaktoren für das Controlling.

Beitrag

Unternehmen müssen sich schneller und nachhaltiger Zugriff auf die Ressource "Kompetenz" verschaffen

Immer mehr Unternehmen stehen vor dem Problem, wie sie bei steigendem Zeit- und Kostendruck und gleichzeitig immer individualisierteren Kundenbedürfnissen die daraus resultierenden steigenden F&E-Etats in den Griff bekommen und so ihre materielle wie auch immaterielle Ressourcenbasis verbessern können.
In diesem Zusammenhang kommen Themen wie

"Strategische Allianzen" immer stärker in den Fokus, die als Lernarena zur Verbesserung der eigenen Kompetenzen dienen sollen. Diese Kooperationen, die häufig mit direkten Wettbewerbern eingegangen werden, bedürfen aber aufgrund ihrer speziellen Ausprägung eines ausgesprochen sensiblen Managements. (1)

Strategische Allianzen stellen eine Koalition von mindestens zwei selbstständigen Konkurrenzunternehmen dar, die das Ziel verfolgen, durch sachlich und/oder zeitlich begrenzte Zusammenarbeit die individuellen Stärken in den von der Kooperation betroffenen Bereichen zu vereinen. (1)

Dem wachsenden Kosten-, Wettbewerbs- und Anpassungsdruck auf den internationalen Märkten versuchen Unternehmen mit der Bildung von Unternehmensnetzwerken zu begegnen

Die Geschäftsstrategien, die sich mit der Verbreiterung der organisationalen Ressourcenbasis beschäftigen, zielen nicht mehr so stark auf großangelegte Unternehmens-Merger ab wie in den 80er und 90er Jahren, sondern beschäftigen sich jetzt mit Konstrukten wie "VirtuellenUnternehmen", "fokalen und regionalen Netzwerken", "Hollow Organizations" oder großflächigen Franchisingsystemen. Insbesondere in investitionsaufwändigen und unsicherheitsbelasteten Branchen wie der Chemie- und Halbleiterindustrie ist die Wettbewerbslandschaft durch eine nahezu unüberschaubare Anzahl von Bündnissen geprägt. (1)

Treiber für eine zunehmende Vernetzung interorganisationaler Prozesse ist die Weiterentwicklung der Informationstechnologie, weil sie die Transaktionskosten radikal senkt. (2)

Es gibt vielfältige Motive für Kooperation zwischen Unternehmen

Klassische Motive für eine Kooperation können in einer bilateralen Risikoteilung durch die Zusammenlegung von finanziellen Ressourcen z. B.

bei der Entwicklung neuer Produkte darstellen. Ebenso ist der Austausch von spezifischer Marktkenntnis oder von Vertriebswegen oder den politischen Beziehungen denkbar, aber auch die Realisierung von Größen- und/oder Zeitvorteilen wie auch der Austausch bzw. gemeinsame Aufbau von Wissen. Ebenso sind taktische Motive denkbar, die die Rivalität zwischen den konkurrierenden Unternehmen auf bestimmten Märkten reduzieren oder verhindern sollen. (1)

Praktische Ausgestaltungen von Kooperation liegen insbesondere in Forschungs- und Entwicklungs-, Beschaffungs-, Produktions-, Logistik-, Service-, Demontage-, Verwertungs- und Entsorgungsnetzwerken sowie Supply Chains. (3)

Im Falle von wechselseitigem Ausgleich eigener Defizite spricht man von einem **"product link"**. Nicht nur die zunehmende Komplexität und Forschungsintensität moderner Produkte, sondern auch das gesteigerte Interesse an Systemlösungen, die sehr unterschiedliche Produkte oder Produktkomponenten zusammenbinden, überfordern häufig das Leistungsvermögen eines einzelnen Unternehmens. (1)

Darüber hinaus geht es aber immer häufiger auch um

Wissensziele, d. h. die interorganisationale Übertragung von Wissen bzw. dessen gemeinsame Entwicklung. Solch ein **"knowledge link"** ist insbesondere deshalb attraktiv, weil die verbundenen Partner über eine kompatible Ressourcenausstattung sowie ähnlich gelagerten Wissensbedarf verfügen. (1)

Ohne ein spezifisches "Kooperations-" oder "Netzwerkcontrolling" können die Erfolgspotenziale nicht ausgeschöpft werden

Die Gründe, die zu einer wachsenden Zahl an Kooperationen zwischen Unternehmen führen liegen also auf der Hand, aber das Problem liegt in der Messung der "Ergebnisse" aus einer solchen Allianz.

Die Erfolgsquote derartiger Kooperations-Projekte ist häufig relativ gering, weshalb das strategische Controlling die Aufgabe hat, Ursachen für die schlechte Performance aufzudecken, aber auch geeignete Maßnahmen zur Gegensteuerung zu entwerfen und umzusetzen. Die Erfolgswirkungen sind häufig deshalb so gering, weil bei der

Netzwerkbildung strategische Aspekte weitgehend vernachlässigt werden. Auch in der betriebswirtschaflichen Forschung beschäftigt man sich im Rahmen von Supply Chain-Projekten i. d. R. mit operativen und informationstechnischen Fragestellungen, die Behandlung strategischer Aspekte wird dagegen weitgehend ausgeklammert. (3)

Die klassische Betriebswirtschaftslehre beschäftigt sich insbesondere mit der Optimierung arbeitsteiliger Prozesse innerhalb einer Unternehmung, neue Organisationsformen wie Netzwerke/Kooperationen von mehreren Unternehmen sprengen die traditionellen Grenzen der Unternehmung und damit auch den Fokus betriebswirtschaftlicher Analysen. (2)

Dieser Hintergrund führt dazu, dass sich die aktuelle Managementforschung mit dem Modell Kooperation als eigenständiges Modell der Austauschkoordination beschäftigt. Nicht mehr das stark vereinfachende "make-or-buy"-Denken steht im Vordergrund, sondern die Ausrichtung auf ein gemeinsames Oberziel durch kooperative Arrangements dezentraler Optimierungsentscheidungen, welche Autonomie und Kontrolle gleichzeitig erreichen. (1)

Das "Allianzcontrolling", welches neben der Auswahl, Gewinnung und Bindung eines geeigneten

Kooperationspartners sowie der geschickten Definition der Lernziele insbesondere die Gestaltung des eigentlichen Wissenstransferprozesses mitsamt der systematischen Dokumentation der gesammelten Erfahrungen beinhaltet, gewinnt daher immer stärker an Bedeutung. (1)

Zu kurz kommt darüber hinaus in der inzwischen zahlreichen Reengineering-Literatur über geschäftsübergreifende Prozesse die Strategieenwicklung und umsetzung und der auf die Gesamtwirtschaftlichkeit gerichtete Blick des Controllers. Der Schlüssel zum Erfolg liegt in einer konkreten Neugestaltung der Prozessstruktur und in der Schaffung geeigneter Steuerungsgrößen auf Basis einer Gesamtstrategie. (2)

Die beiden Hauptaufgabenstellungen bei der Implementierung eines Netzwerkes sind das strategiefokussierte Design und die Implementierung des Netzwerks. Der Controller als "Business Partner" der Unternehmensführung gewinnt hieraus herausfordernde Gestaltungs- und Koordinationsaufgaben, wobei zwei Fragen im Vordergrund stehen:

- Wie gestaltet man strategieadäquat die neue Prozessstruktur?

- Welche prozessbezogenen Steuerungsgrößen stellen die Effektivität und Effizienz sicher?

Allerdings hängen diese beiden Fragen eng zusammen, da die Rekonfiguration von Geschäftsprozessen nur dann effektiv ist, wenn dabei die Steuerbarkeit des entworfenen neuen Netzwerkes sichergestellt wird. (2)

Die Netzwerkpartner müssen gemeinsam die strategische Idee ihrer Partnerschaft konkretisieren und damit eine strategische Ausgangsbasis für die Neugestaltung der gemeinsamen Wertschöpfungskette und für das Performance Measurement des Netzes strategiebezogene Steuerungs- und Leistungsgrößen festlegen. Als Tool kann hierzu eine adaptierte Balanced Scorecard gewählt werden mit den "inter-enterprise" Performance Measures für die Wertschöpfungskette mit mehrdimensionaler Analysemöglichkeit: Umsatz, Marktanteil, Kundenzufriedenheitsindex, Anzahl der Beschwerden, Beschwerdenquote, Lieferzuverlässigkeit, Lagerbestände, Lagerdeckung und Umsatzmenge. Die vorgesehenen Leistungsindikatoren sind auf der Ebene des einzelnen Unternehmens sowie auf der Ebene des Gesamtnetzwerkes zu verfolgen. Dieses stellt eine schwierige Koordinationsaufgabe mit großen Herausforderungen für den Controller dar. (2)

Es besteht ganz offensichtlich ein Zielkonflikt zwischen der Operationalisierbarkeit und Kodifizierbarkeit betrieblicher Wissensbestände bzw. Imitierbarkeit. Je expliziter das Wissen ist, welches ein Partner in eine Allianz einbringt, desto leichter ist es für den anderen Partner, dieses zu internalisieren bzw. zu kopieren. Gerade in den 80er Jahren sind viele Unternehmen Joint Ventures mit insbesondere japanischen Partnern eingegangen und haben gut formalisierbares Design- und Marktwissen in die Partnerschaften eingebracht. Die fernöstlichen Unternehmen hingegen gaben ihr Wissen zu sehr komplexem und kontextabhängigen Fertigungs-Know-how preis, welches schwer adaptierbar bzw. imitierbar war. Speziell bei Closing-Gap-Alliances wollen selbstständige Wettbewerber am erfolgskritischen Wissen ihrer temporären Partner partizipieren, ohne selbst zuviel "sensibles" Wissen preiszugeben. Somit ist die extrem schwierige Balance zwischen betrieblichem Wissenserwerb, Wissensschutz und einer Erhöhung des eigenen Lerntempos anzustreben und zu messen bzw. zu kontrollieren.

Somit muss vom "Kooperationscontrolling" schon vorab sehr genau hausintern festgelegt werden, welches Wissen benötigt wird, und welche eigenen Fähigkeiten geschützt und bewahrt sein sollen. (1)

Es gibt mehrere Ansätze, wie die richtigen Partner zu finden sind, um eine dem Unternehmen nutzbringende Partnerschaft zu finden.Es kann zum einen darum gehen, komplementäre Fähigkeiten verschiedener Partner zu bündeln, also Unternehmen mit unterschiedlichen Stärken-/Schwächen-Profilen zusammenzubringen, die ihre jeweiligen Kompetenzdefizite wechselseitig ausgleichen. Derartige Allianzen werden auch **"Closing-Gap-Alliances"** genannt.Sie zielen noch stärker als herkömmliche, produktkoppelnde Allianzen auf den eigenen Wissenzuwachs ab.Ebenso kann es sich für die Unternehmen aber auch als sinnvoll erweisen, identische Kompetenzen zu bündeln, um damit kumulativ die Wissensbasis zu erhöhen, um eine neue, höhere Leistungsfähigkeit bzw. Leistungsdimension zu erreichen. Diese **"Critical-Mass-Alliance"** genannten Zusammenschlüsse zielen auf einen kollektiven Wettbewerbsvorteil mit weitestgehendem Imitationsschutz, bei dem der kompetitive Bezug zugunsten eines gemeinsamen Lernens zurückgedrängt wird. Ein aktuelles Beispiel für diese Kooperationsform ist die gemeinsame Foschung von IBM und Infineon zur Entwicklung einer radikal neuen Chipgeneration. (1)

Erfolgsfaktoren für das

Controlling

Zwar sind IuK-Technologien unverzichtbar für das erfolgreiche Management und Controlling von Unternehmensnetzwerken, jedoch werden die erfroderlichen IuK-Technologien ohne ein vorgeschaltetes gründliches Reengineering der informationstechnisch zu unterstützenden internen und externen Geschäftsprozesse installiert. Häufig sind die IT-Lösungen überdimensioniert, was zu unerwartet hohen Kosten und Zeitaufwand für das erforderliche Customizing und für die Integration der existierenden, meist äußerst heterogenen IT-Landschaft führt. Am Beispiel von Supply Chain-Projekten sind die IT-Planungs- und Umsetzungsüberlegungen in ein systematisches und umfassendes Vorgehensmodell zum Management und zur Optimierung von Geschäftsprozessen zu gießen. Wichtige Einflußgrößen sind gemäß empirischen Untersuchungen und praktischen Erfahrungen die Branche, Betriebsgröße, der jeweilige Fertigungsprozesstyp, die Funktionalitäten und die getätigten Installationen der betreffenden Systeme sowie die Wirtschaftlichkeit. Eine simultane prozess- und ressourcenökonomische Bewertung von komplexen IT-Applikationen in Kooperationsprojekten kann nur mit Hilfe von Simulationen in Verbindung mit einer erweiterten Investitionsrechnung gelingen. (3)

Häufig sind aber nicht nur die IT-technischen Probleme Gründe für das Scheitern von Unternehmensnetzwerken, sondern auch Schwierigkeiten auf der Organisations- und Mitarbeiterebene. Der Übergang von einer funktionalen Organisationsstruktur hin zu einer Netzwerkorganisation ist häufig mit signifikanten Eingriffen in die bisherigen Zuständigkeiten der relevanten Abteilungen verbunden. Aber auch die neuen Anforderungen an die betreffenden Mitarbeiter in den Unternehmen müssen stärker thematisiert werden. So verlangt ein erfolgreiches "managing across boundaries" ein hohes Maß an Kommunikations-, Verhandlungs-, Team- und Lernfähigkeit, um Beziehungen aufzubauen, die netzwerkebedingten Aufgaben zu koordinieren und Konflikte konstruktiv zu lösen.
Darüber hinaus müssen die aus organisatorischen Veränderungen im Netzwerk resultierenden Akzeptanzbarrieren (evtl. Arbeitsplatzwechsel oder sogar Arbeitsplatzverluste) aufgrund von neuen qualifikatorischen Anforderungen oder der Furcht vor Kompetenzverlusten, beseitigt werden, um den Faktor Motivation zu erhöhen. (3)

Unternehmensnetzwerke sind umso erfolgreicher, desto höher die Bereitschaft der Netzwerkakteure zur partnerschaftlichen und vertrauensvollen

Zusammenarbeit ist, die Netzwerkziele bestmöglich zu erreichen.
Daher ist die häufig missbräuchliche opportunistische Nutzung von Informationen von Lieferanten über Kapazitätsauslastungen durch Endhersteller für Preissenkungen gerade in Supply Chain-orientierten Netzwerkverbünden nicht wirklich zielführend. (3)

Fallbeispiele

Beispiele für strategische Allianzen aus der jüngeren Vergangenheit sind das Bündnis zwischen der Kirch-Gruppe und Bertelsmann im Bereich Pay TV und TV-Decoder, oder aber die "Star Alliance" als Zusammenschluss mehrerer Fluggesellschaften wie Lufthansa, SAS, United, etc. oder auch die Kooperation zwischen Nestle und Coca-Cola, die ihre gegenseitigen Stärken (einmalige Kompetenz im Bereich Vertrieb von Getränkeautomaten auf der einen Seite und Umgang mit pulverisierten Lebensmitteln auf der anderen Seite) bündeln, um den Markt für lösliche Heißgetränke in Japan zu erschließen.
Ebenso ist im Bereich Telekommunikation die Kooperation zwischen Siemens und Sony zu

erwähnen. Siemens suchte in den neunziger Jahren zur Entwicklung seines Handys "S4" einen extra starken und kleinen Akku. Sony war zu dieser Zeit der einzige Anbieter, der über die sogenannten Lithium-Ionen Akkus verfügte. Sony wiederum benötigte für seinen Markteintritt in den rasch wachsenden GSM-Mobilfunkmarkt möglichst schnell ein attraktives Handy. Diese beiden Unternehmen ergänzten sich in ihren Stärken und Schwächen ideal. (1)

In der Automobilindustrie setzt sich ein neues kooperatives Betreibermodell durch, welches "Pay on Production" genannt wird. Ford in Köln hat ein gesamtes Produktionsband an einen Dienstleister abgetreten, auf den der Druck sich verstärkt hat. Er muss die gesamte Investition finanzieren und den Bau durchführen und kümmert sich nun um Instandhaltung und Wartung. Der Automobilhersteller zahlt dem externen Partner je Auto, welches das Band verlässt, eine Prämie und verlagert damit einen großen Anteil des Risikos auf dessen Schultern, er spart Kapitalbindung und Personalkosten. Verkauft Ford weniger Autos als geplant, hat der externe Dienstleister ein Problem, da Umsatzeinbußen anteilig an ihn weitergeleitet werden. "Pay on production" war für Ford Teil einer radikalen Umwälzung hin zu einem schlankeren und schnelleren Unternehmen. (4)

Bei ZF in Friedrichshafen hat sich entgegen der gängigen Meinung, den Einkauf als "Preisdrücker" im Zuliefermarkt zu sehen, die Erkenntnis durchgesetzt, den Lieferanten als langfristigen strategischen Partner zu sehen, mit dem man gemeinsam die Qualität eines Produktes erhöht. Schon auf der Unternehmens-Website kann sich der potenzielle Lieferant seitenlang und detailliert über die "Kernstrategie Einkauf" informieren. Es soll ein Wandel vollzogen werden von jährlichen Preisverhandlungen hin zu kontinuierlichen, offenen Kostendiskussionen. (5)

Weiterführende Literatur

(1) von der Oelsnitz, Dietrich, Strategische Allianzen als Lernarena, Wirtschaftswissenschaftliches Studium, Heft 09/2003, S. 516-520
aus ProFirma, Heft 08/2003, S. 6

(2) Horvath, Peter, Ohne Balanced Scorecard und Performance Measurement nicht wirksam, Controlling, Heft 7-8/2003, S. 373-377
aus ProFirma, Heft 08/2003, S. 6

(3) Jehle, Egon, Probleme und Lösungsmöglichkeiten bei der Steuerung von Unternehmensnetzwerken durch das strategische Controlling, Controlling, Heft

7-8/2003, S. 379-387
aus ProFirma, Heft 08/2003, S. 6

(4) Dein ist mein ganzes Herz
aus McK Wissen, Heft 5/2003, S. 62-67

(5) Hart, aber herzlich
aus McK Wissen, Heft 5/2003, S. 48-53

Impressum

Controlling unternehmensübergeifender Geschäftsmodelle?

Bibliografische Information der deutschen Nationalbibliothek

Die Deutsche Nationalbibliothek verzeichnet diese Publikation in der deutschen Nationalbibliografie; detaillierte bibliografische Daten sind im Internet über http://dnb.d-nb.de abrufbar.

ISBN: 978-3-7379-0002-7

© 2015 GBI-Genios Deutsche Wirtschaftsdatenbank GmbH, Freischützstraße 96, 81927 München, www.genios.de

Alle Rechte vorbehalten. Dieses Werk ist einschließlich aller seiner Teile – z.B. Texte, Tabellen und Grafiken - urheberrechtlich geschützt. Jede Verwertung außerhalb der Grenzen des Urheberrechtsgesetzes bedarf der vorherigen Zustimmung des Verlags. Dies gilt insbesondere auch für auszugsweise Nachdrucke, fotomechanische

Vervielfältigungen (Fotokopie/Mikroskopie), Übersetzungen, Auswertungen durch Datenbanken oder ähnliche Einrichtungen und die Einspeicherung und Verarbeitung in elektronischen Systemen.